THIS BOOK BELONGS TO:

_____

_____

_____

_____

A

NAME _____

WEBSITE _____

LOGIN/USERNAME _____

PASSWORD _____

NOTES _____

_____

_____

NAME _____

WEBSITE _____

LOGIN/USERNAME _____

PASSWORD _____

NOTES _____

_____

_____

NAME _____

WEBSITE _____

LOGIN/USERNAME _____

PASSWORD _____

NOTES _____

_____

_____

NAME _____

WEBSITE _____

LOGIN/USERNAME _____

PASSWORD _____

NOTES _____

_____

_____

A

NAME————————————————
WEBSITE————————————————
LOGIN/USERNAME————————————
PASSWORD———————————————
NOTES————————————————
————————————————————
————————————————————

NAME————————————————
WEBSITE————————————————
LOGIN/USERNAME————————————
PASSWORD———————————————
NOTES————————————————
————————————————————
————————————————————

NAME————————————————
WEBSITE————————————————
LOGIN/USERNAME————————————
PASSWORD———————————————
NOTES————————————————
————————————————————
————————————————————

NAME————————————————
WEBSITE————————————————
LOGIN/USERNAME————————————
PASSWORD———————————————
NOTES————————————————
————————————————————
————————————————————

A

NAME_____

WEBSITE_____

LOGIN/USERNAME_____

PASSWORD_____

NOTES_____

_____

_____

NAME_____

WEBSITE_____

LOGIN/USERNAME_____

PASSWORD_____

NOTES_____

_____

_____

NAME_____

WEBSITE_____

LOGIN/USERNAME_____

PASSWORD_____

NOTES_____

_____

_____

NAME_____

WEBSITE_____

LOGIN/USERNAME_____

PASSWORD_____

NOTES_____

_____

_____

NAME

WEBSITE

LOGIN/USERNAME

PASSWORD

NOTES

NAME

WEBSITE

LOGIN/USERNAME

PASSWORD

NOTES

NAME

WEBSITE

LOGIN/USERNAME

PASSWORD

NOTES

NAME

WEBSITE

LOGIN/USERNAME

PASSWORD

NOTES

B

NAME _____

WEBSITE _____

LOGIN/USERNAME _____

PASSWORD _____

NOTES _____

_____

_____

NAME _____

WEBSITE _____

LOGIN/USERNAME _____

PASSWORD _____

NOTES _____

_____

_____

NAME _____

WEBSITE _____

LOGIN/USERNAME _____

PASSWORD _____

NOTES _____

_____

_____

NAME _____

WEBSITE _____

LOGIN/USERNAME _____

PASSWORD _____

NOTES _____

_____

_____

B

NAME _____

WEBSITE _____

LOGIN/USERNAME _____

PASSWORD _____

NOTES _____

_____

_____

NAME _____

WEBSITE _____

LOGIN/USERNAME _____

PASSWORD _____

NOTES _____

_____

_____

NAME _____

WEBSITE _____

LOGIN/USERNAME _____

PASSWORD _____

NOTES _____

_____

_____

NAME _____

WEBSITE _____

LOGIN/USERNAME _____

PASSWORD _____

NOTES _____

_____

_____

B

NAME_____

WEBSITE_____

LOGIN/USERNAME_____

PASSWORD_____

NOTES_____

_____

_____

NAME_____

WEBSITE_____

LOGIN/USERNAME_____

PASSWORD_____

NOTES_____

_____

_____

NAME_____

WEBSITE_____

LOGIN/USERNAME_____

PASSWORD_____

NOTES_____

_____

_____

NAME_____

WEBSITE_____

LOGIN/USERNAME_____

PASSWORD_____

NOTES_____

_____

_____

B

NAME

WEBSITE

LOGIN/USERNAME

PASSWORD

NOTES

NAME

WEBSITE

LOGIN/USERNAME

PASSWORD

NOTES

NAME

WEBSITE

LOGIN/USERNAME

PASSWORD

NOTES

NAME

WEBSITE

LOGIN/USERNAME

PASSWORD

NOTES

NAME_____

WEBSITE_____

LOGIN/USERNAME_____

PASSWORD_____

NOTES_____

_____

_____

NAME_____

WEBSITE_____

LOGIN/USERNAME_____

PASSWORD_____

NOTES_____

_____

_____

NAME_____

WEBSITE_____

LOGIN/USERNAME_____

PASSWORD_____

NOTES_____

_____

_____

NAME_____

WEBSITE_____

LOGIN/USERNAME_____

PASSWORD_____

NOTES_____

_____

_____

C

NAME _____

WEBSITE _____

LOGIN/USERNAME _____

PASSWORD _____

NOTES _____

_____

_____

NAME _____

WEBSITE _____

LOGIN/USERNAME _____

PASSWORD _____

NOTES _____

_____

_____

NAME _____

WEBSITE _____

LOGIN/USERNAME _____

PASSWORD _____

NOTES _____

_____

_____

NAME _____

WEBSITE _____

LOGIN/USERNAME _____

PASSWORD _____

NOTES _____

_____

_____

NAME_____

WEBSITE_____

LOGIN/USERNAME_____

PASSWORD_____

NOTES_____

_____

_____

NAME_____

WEBSITE_____

LOGIN/USERNAME_____

PASSWORD_____

NOTES_____

_____

_____

NAME_____

WEBSITE_____

LOGIN/USERNAME_____

PASSWORD_____

NOTES_____

_____

_____

NAME_____

WEBSITE_____

LOGIN/USERNAME_____

PASSWORD_____

NOTES_____

_____

_____

NAME _____

WEBSITE _____

LOGIN/USERNAME _____

PASSWORD _____

NOTES _____

_____

_____

NAME _____

WEBSITE _____

LOGIN/USERNAME _____

PASSWORD _____

NOTES _____

_____

_____

NAME _____

WEBSITE _____

LOGIN/USERNAME _____

PASSWORD _____

NOTES _____

_____

_____

NAME _____

WEBSITE _____

LOGIN/USERNAME _____

PASSWORD _____

NOTES _____

_____

_____

D

NAME _____

WEBSITE _____

LOGIN/USERNAME _____

PASSWORD _____

NOTES _____

_____

_____

NAME _____

WEBSITE _____

LOGIN/USERNAME _____

PASSWORD _____

NOTES _____

_____

_____

NAME _____

WEBSITE _____

LOGIN/USERNAME _____

PASSWORD _____

NOTES _____

_____

_____

NAME _____

WEBSITE _____

LOGIN/USERNAME _____

PASSWORD _____

NOTES _____

_____

_____

D

NAME

WEBSITE

LOGIN/USERNAME

PASSWORD

NOTES

NAME

WEBSITE

LOGIN/USERNAME

PASSWORD

NOTES

NAME

WEBSITE

LOGIN/USERNAME

PASSWORD

NOTES

NAME

WEBSITE

LOGIN/USERNAME

PASSWORD

NOTES

D

NAME _____

WEBSITE _____

LOGIN/USERNAME _____

PASSWORD _____

NOTES _____

_____

_____

NAME _____

WEBSITE _____

LOGIN/USERNAME _____

PASSWORD _____

NOTES _____

_____

_____

NAME _____

WEBSITE _____

LOGIN/USERNAME _____

PASSWORD _____

NOTES _____

_____

_____

NAME _____

WEBSITE _____

LOGIN/USERNAME _____

PASSWORD _____

NOTES _____

_____

_____

NAME
WEBSITE
LOGIN/USERNAME
PASSWORD
NOTES

NAME
WEBSITE
LOGIN/USERNAME
PASSWORD
NOTES

NAME
WEBSITE
LOGIN/USERNAME
PASSWORD
NOTES

NAME
WEBSITE
LOGIN/USERNAME
PASSWORD
NOTES

E

NAME_____

WEBSITE_____

LOGIN/USERNAME_____

PASSWORD_____

NOTES_____

_____

_____

NAME_____

WEBSITE_____

LOGIN/USERNAME_____

PASSWORD_____

NOTES_____

_____

_____

NAME_____

WEBSITE_____

LOGIN/USERNAME_____

PASSWORD_____

NOTES_____

_____

_____

NAME_____

WEBSITE_____

LOGIN/USERNAME_____

PASSWORD_____

NOTES_____

_____

_____

NAME
WEBSITE
LOGIN/USERNAME
PASSWORD
NOTES

NAME
WEBSITE
LOGIN/USERNAME
PASSWORD
NOTES

NAME
WEBSITE
LOGIN/USERNAME
PASSWORD
NOTES

NAME
WEBSITE
LOGIN/USERNAME
PASSWORD
NOTES

E

NAME _____

WEBSITE _____

LOGIN/USERNAME _____

PASSWORD _____

NOTES _____

_____

_____

NAME _____

WEBSITE _____

LOGIN/USERNAME _____

PASSWORD _____

NOTES _____

_____

_____

NAME _____

WEBSITE _____

LOGIN/USERNAME _____

PASSWORD _____

NOTES _____

_____

_____

NAME _____

WEBSITE _____

LOGIN/USERNAME _____

PASSWORD _____

NOTES _____

_____

_____

NAME _____

WEBSITE _____

LOGIN/USERNAME _____

PASSWORD _____

NOTES _____

_____

_____

NAME _____

WEBSITE _____

LOGIN/USERNAME _____

PASSWORD _____

NOTES _____

_____

_____

NAME _____

WEBSITE _____

LOGIN/USERNAME _____

PASSWORD _____

NOTES _____

_____

_____

NAME _____

WEBSITE _____

LOGIN/USERNAME _____

PASSWORD _____

NOTES _____

_____

_____

F

NAME _____

WEBSITE _____

LOGIN/USERNAME _____

PASSWORD _____

NOTES _____

_____

_____

NAME _____

WEBSITE _____

LOGIN/USERNAME _____

PASSWORD _____

NOTES _____

_____

_____

NAME _____

WEBSITE _____

LOGIN/USERNAME _____

PASSWORD _____

NOTES _____

_____

_____

NAME _____

WEBSITE _____

LOGIN/USERNAME _____

PASSWORD _____

NOTES _____

_____

_____

F

NAME

WEBSITE

LOGIN/USERNAME

PASSWORD

NOTES

NAME

WEBSITE

LOGIN/USERNAME

PASSWORD

NOTES

NAME

WEBSITE

LOGIN/USERNAME

PASSWORD

NOTES

NAME

WEBSITE

LOGIN/USERNAME

PASSWORD

NOTES

NAME _____

WEBSITE _____

LOGIN/USERNAME _____

PASSWORD _____

NOTES _____

_____

_____

NAME _____

WEBSITE _____

LOGIN/USERNAME _____

PASSWORD _____

NOTES _____

_____

_____

NAME _____

WEBSITE _____

LOGIN/USERNAME _____

PASSWORD _____

NOTES _____

_____

_____

NAME _____

WEBSITE _____

LOGIN/USERNAME _____

PASSWORD _____

NOTES _____

_____

_____

NAME

WEBSITE

LOGIN/USERNAME

PASSWORD

NOTES

NAME

WEBSITE

LOGIN/USERNAME

PASSWORD

NOTES

NAME

WEBSITE

LOGIN/USERNAME

PASSWORD

NOTES

NAME

WEBSITE

LOGIN/USERNAME

PASSWORD

NOTES

G

NAME_____

WEBSITE_____

LOGIN/USERNAME_____

PASSWORD_____

NOTES_____

_____

_____

NAME_____

WEBSITE_____

LOGIN/USERNAME_____

PASSWORD_____

NOTES_____

_____

_____

NAME_____

WEBSITE_____

LOGIN/USERNAME_____

PASSWORD_____

NOTES_____

_____

_____

NAME_____

WEBSITE_____

LOGIN/USERNAME_____

PASSWORD_____

NOTES_____

_____

_____

G

NAME_____

WEBSITE_____

LOGIN/USERNAME_____

PASSWORD_____

NOTES_____

_____

_____

NAME_____

WEBSITE_____

LOGIN/USERNAME_____

PASSWORD_____

NOTES_____

_____

_____

NAME_____

WEBSITE_____

LOGIN/USERNAME_____

PASSWORD_____

NOTES_____

_____

_____

NAME_____

WEBSITE_____

LOGIN/USERNAME_____

PASSWORD_____

NOTES_____

_____

_____

G

NAME

WEBSITE

LOGIN/USERNAME

PASSWORD

NOTES

NAME

WEBSITE

LOGIN/USERNAME

PASSWORD

NOTES

NAME

WEBSITE

LOGIN/USERNAME

PASSWORD

NOTES

NAME

WEBSITE

LOGIN/USERNAME

PASSWORD

NOTES

G

NAME

WEBSITE

LOGIN/USERNAME

PASSWORD

NOTES

NAME

WEBSITE

LOGIN/USERNAME

PASSWORD

NOTES

NAME

WEBSITE

LOGIN/USERNAME

PASSWORD

NOTES

NAME

WEBSITE

LOGIN/USERNAME

PASSWORD

NOTES

H

NAME_____

WEBSITE_____

LOGIN/USERNAME_____

PASSWORD_____

NOTES_____

_____

_____

NAME_____

WEBSITE_____

LOGIN/USERNAME_____

PASSWORD_____

NOTES_____

_____

_____

NAME_____

WEBSITE_____

LOGIN/USERNAME_____

PASSWORD_____

NOTES_____

_____

_____

NAME_____

WEBSITE_____

LOGIN/USERNAME_____

PASSWORD_____

NOTES_____

_____

_____

NAME

WEBSITE

LOGIN/USERNAME

PASSWORD

NOTES

NAME

WEBSITE

LOGIN/USERNAME

PASSWORD

NOTES

NAME

WEBSITE

LOGIN/USERNAME

PASSWORD

NOTES

NAME

WEBSITE

LOGIN/USERNAME

PASSWORD

NOTES

H

NAME _____

WEBSITE _____

LOGIN/USERNAME _____

PASSWORD _____

NOTES _____

_____

_____

NAME _____

WEBSITE _____

LOGIN/USERNAME _____

PASSWORD _____

NOTES _____

_____

_____

NAME _____

WEBSITE _____

LOGIN/USERNAME _____

PASSWORD _____

NOTES _____

_____

_____

NAME _____

WEBSITE _____

LOGIN/USERNAME _____

PASSWORD _____

NOTES _____

_____

_____

NAME

WEBSITE

LOGIN/USERNAME

PASSWORD

NOTES

NAME

WEBSITE

LOGIN/USERNAME

PASSWORD

NOTES

NAME

WEBSITE

LOGIN/USERNAME

PASSWORD

NOTES

NAME

WEBSITE

LOGIN/USERNAME

PASSWORD

NOTES

I

NAME _____

WEBSITE _____

LOGIN/USERNAME _____

PASSWORD _____

NOTES _____

_____

_____

NAME _____

WEBSITE _____

LOGIN/USERNAME _____

PASSWORD _____

NOTES _____

_____

_____

NAME _____

WEBSITE _____

LOGIN/USERNAME _____

PASSWORD _____

NOTES _____

_____

_____

NAME _____

WEBSITE _____

LOGIN/USERNAME _____

PASSWORD _____

NOTES _____

_____

_____

I

NAME

WEBSITE

LOGIN/USERNAME

PASSWORD

NOTES

NAME

WEBSITE

LOGIN/USERNAME

PASSWORD

NOTES

NAME

WEBSITE

LOGIN/USERNAME

PASSWORD

NOTES

NAME

WEBSITE

LOGIN/USERNAME

PASSWORD

NOTES

I

NAME_____

WEBSITE_____

LOGIN/USERNAME_____

PASSWORD_____

NOTES_____

_____

_____

NAME_____

WEBSITE_____

LOGIN/USERNAME_____

PASSWORD_____

NOTES_____

_____

_____

NAME_____

WEBSITE_____

LOGIN/USERNAME_____

PASSWORD_____

NOTES_____

_____

_____

NAME_____

WEBSITE_____

LOGIN/USERNAME_____

PASSWORD_____

NOTES_____

_____

_____

I

NAME _____

WEBSITE _____

LOGIN/USERNAME _____

PASSWORD _____

NOTES _____

_____

_____

NAME _____

WEBSITE _____

LOGIN/USERNAME _____

PASSWORD _____

NOTES _____

_____

_____

NAME _____

WEBSITE _____

LOGIN/USERNAME _____

PASSWORD _____

NOTES _____

_____

_____

NAME _____

WEBSITE _____

LOGIN/USERNAME _____

PASSWORD _____

NOTES _____

_____

_____

J

NAME_____

WEBSITE_____

LOGIN/USERNAME_____

PASSWORD_____

NOTES_____

_____

_____

NAME_____

WEBSITE_____

LOGIN/USERNAME_____

PASSWORD_____

NOTES_____

_____

_____

NAME_____

WEBSITE_____

LOGIN/USERNAME_____

PASSWORD_____

NOTES_____

_____

_____

NAME_____

WEBSITE_____

LOGIN/USERNAME_____

PASSWORD_____

NOTES_____

_____

_____

J

NAME _____

WEBSITE _____

LOGIN/USERNAME _____

PASSWORD _____

NOTES _____

_____

_____

NAME _____

WEBSITE _____

LOGIN/USERNAME _____

PASSWORD _____

NOTES _____

_____

_____

NAME _____

WEBSITE _____

LOGIN/USERNAME _____

PASSWORD _____

NOTES _____

_____

_____

NAME _____

WEBSITE _____

LOGIN/USERNAME _____

PASSWORD _____

NOTES _____

_____

_____

J

NAME _____

WEBSITE _____

LOGIN/USERNAME _____

PASSWORD _____

NOTES _____

_____

_____

NAME _____

WEBSITE _____

LOGIN/USERNAME _____

PASSWORD _____

NOTES _____

_____

_____

NAME _____

WEBSITE _____

LOGIN/USERNAME _____

PASSWORD _____

NOTES _____

_____

_____

NAME _____

WEBSITE _____

LOGIN/USERNAME _____

PASSWORD _____

NOTES _____

_____

_____

NAME

WEBSITE

LOGIN/USERNAME

PASSWORD

NOTES

NAME

WEBSITE

LOGIN/USERNAME

PASSWORD

NOTES

NAME

WEBSITE

LOGIN/USERNAME

PASSWORD

NOTES

NAME

WEBSITE

LOGIN/USERNAME

PASSWORD

NOTES

K

NAME_____

WEBSITE_____

LOGIN/USERNAME_____

PASSWORD_____

NOTES_____

_____

_____

NAME_____

WEBSITE_____

LOGIN/USERNAME_____

PASSWORD_____

NOTES_____

_____

_____

NAME_____

WEBSITE_____

LOGIN/USERNAME_____

PASSWORD_____

NOTES_____

_____

_____

NAME_____

WEBSITE_____

LOGIN/USERNAME_____

PASSWORD_____

NOTES_____

_____

_____

K

NAME

WEBSITE

LOGIN/USERNAME

PASSWORD

NOTES

NAME

WEBSITE

LOGIN/USERNAME

PASSWORD

NOTES

NAME

WEBSITE

LOGIN/USERNAME

PASSWORD

NOTES

NAME

WEBSITE

LOGIN/USERNAME

PASSWORD

NOTES

NAME_____

WEBSITE_____

LOGIN/USERNAME_____

PASSWORD_____

NOTES_____

_____

_____

NAME_____

WEBSITE_____

LOGIN/USERNAME_____

PASSWORD_____

NOTES_____

_____

_____

NAME_____

WEBSITE_____

LOGIN/USERNAME_____

PASSWORD_____

NOTES_____

_____

_____

NAME_____

WEBSITE_____

LOGIN/USERNAME_____

PASSWORD_____

NOTES_____

_____

_____

K

NAME _____

WEBSITE _____

LOGIN/USERNAME _____

PASSWORD _____

NOTES _____

_____

_____

NAME _____

WEBSITE _____

LOGIN/USERNAME _____

PASSWORD _____

NOTES _____

_____

_____

NAME _____

WEBSITE _____

LOGIN/USERNAME _____

PASSWORD _____

NOTES _____

_____

_____

NAME _____

WEBSITE _____

LOGIN/USERNAME _____

PASSWORD _____

NOTES _____

_____

_____

L

NAME _____

WEBSITE _____

LOGIN/USERNAME _____

PASSWORD _____

NOTES _____

_____

_____

NAME _____

WEBSITE _____

LOGIN/USERNAME _____

PASSWORD _____

NOTES _____

_____

_____

NAME _____

WEBSITE _____

LOGIN/USERNAME _____

PASSWORD _____

NOTES _____

_____

_____

NAME _____

WEBSITE _____

LOGIN/USERNAME _____

PASSWORD _____

NOTES _____

_____

_____

L

NAME

WEBSITE

LOGIN/USERNAME

PASSWORD

NOTES

NAME

WEBSITE

LOGIN/USERNAME

PASSWORD

NOTES

NAME

WEBSITE

LOGIN/USERNAME

PASSWORD

NOTES

NAME

WEBSITE

LOGIN/USERNAME

PASSWORD

NOTES

L

NAME _____

WEBSITE _____

LOGIN/USERNAME _____

PASSWORD _____

NOTES _____

_____

_____

NAME _____

WEBSITE _____

LOGIN/USERNAME _____

PASSWORD _____

NOTES _____

_____

_____

NAME _____

WEBSITE _____

LOGIN/USERNAME _____

PASSWORD _____

NOTES _____

_____

_____

NAME _____

WEBSITE _____

LOGIN/USERNAME _____

PASSWORD _____

NOTES _____

_____

_____

L

NAME_____

WEBSITE_____

LOGIN/USERNAME_____

PASSWORD_____

NOTES_____

_____

_____

NAME_____

WEBSITE_____

LOGIN/USERNAME_____

PASSWORD_____

NOTES_____

_____

_____

NAME_____

WEBSITE_____

LOGIN/USERNAME_____

PASSWORD_____

NOTES_____

_____

_____

NAME_____

WEBSITE_____

LOGIN/USERNAME_____

PASSWORD_____

NOTES_____

_____

_____

M

NAME _____

WEBSITE _____

LOGIN/USERNAME _____

PASSWORD _____

NOTES _____

_____

_____

NAME _____

WEBSITE _____

LOGIN/USERNAME _____

PASSWORD _____

NOTES _____

_____

_____

NAME _____

WEBSITE _____

LOGIN/USERNAME _____

PASSWORD _____

NOTES _____

_____

_____

NAME _____

WEBSITE _____

LOGIN/USERNAME _____

PASSWORD _____

NOTES _____

_____

_____

NAME_____

WEBSITE_____

LOGIN/USERNAME_____

PASSWORD_____

NOTES_____

_____

_____

NAME_____

WEBSITE_____

LOGIN/USERNAME_____

PASSWORD_____

NOTES_____

_____

_____

NAME_____

WEBSITE_____

LOGIN/USERNAME_____

PASSWORD_____

NOTES_____

_____

_____

NAME_____

WEBSITE_____

LOGIN/USERNAME_____

PASSWORD_____

NOTES_____

_____

_____

NAME_____

WEBSITE_____

LOGIN/USERNAME_____

PASSWORD_____

NOTES_____

_____

_____

NAME_____

WEBSITE_____

LOGIN/USERNAME_____

PASSWORD_____

NOTES_____

_____

_____

NAME_____

WEBSITE_____

LOGIN/USERNAME_____

PASSWORD_____

NOTES_____

_____

_____

NAME_____

WEBSITE_____

LOGIN/USERNAME_____

PASSWORD_____

NOTES_____

_____

_____

M

NAME _____

WEBSITE _____

LOGIN/USERNAME _____

PASSWORD _____

NOTES _____

_____

_____

NAME _____

WEBSITE _____

LOGIN/USERNAME _____

PASSWORD _____

NOTES _____

_____

_____

NAME _____

WEBSITE _____

LOGIN/USERNAME _____

PASSWORD _____

NOTES _____

_____

_____

NAME _____

WEBSITE _____

LOGIN/USERNAME _____

PASSWORD _____

NOTES _____

_____

_____

NAME_____

WEBSITE_____

LOGIN/USERNAME_____

PASSWORD_____

NOTES_____

_____

_____

NAME_____

WEBSITE_____

LOGIN/USERNAME_____

PASSWORD_____

NOTES_____

_____

_____

NAME_____

WEBSITE_____

LOGIN/USERNAME_____

PASSWORD_____

NOTES_____

_____

_____

NAME_____

WEBSITE_____

LOGIN/USERNAME_____

PASSWORD_____

NOTES_____

_____

_____

NAME

WEBSITE

LOGIN/USERNAME

PASSWORD

NOTES

NAME

WEBSITE

LOGIN/USERNAME

PASSWORD

NOTES

NAME

WEBSITE

LOGIN/USERNAME

PASSWORD

NOTES

NAME

WEBSITE

LOGIN/USERNAME

PASSWORD

NOTES

N

NAME

WEBSITE

LOGIN/USERNAME

PASSWORD

NOTES

NAME

WEBSITE

LOGIN/USERNAME

PASSWORD

NOTES

NAME

WEBSITE

LOGIN/USERNAME

PASSWORD

NOTES

NAME

WEBSITE

LOGIN/USERNAME

PASSWORD

NOTES

NAME

WEBSITE

LOGIN/USERNAME

PASSWORD

NOTES

NAME

WEBSITE

LOGIN/USERNAME

PASSWORD

NOTES

NAME

WEBSITE

LOGIN/USERNAME

PASSWORD

NOTES

NAME

WEBSITE

LOGIN/USERNAME

PASSWORD

NOTES

NAME

WEBSITE

LOGIN/USERNAME

PASSWORD

NOTES

NAME

WEBSITE

LOGIN/USERNAME

PASSWORD

NOTES

NAME

WEBSITE

LOGIN/USERNAME

PASSWORD

NOTES

NAME

WEBSITE

LOGIN/USERNAME

PASSWORD

NOTES

NAME

WEBSITE

LOGIN/USERNAME

PASSWORD

NOTES

NAME

WEBSITE

LOGIN/USERNAME

PASSWORD

NOTES

NAME

WEBSITE

LOGIN/USERNAME

PASSWORD

NOTES

NAME

WEBSITE

LOGIN/USERNAME

PASSWORD

NOTES

NAME

WEBSITE

LOGIN/USERNAME

PASSWORD

NOTES

NAME

WEBSITE

LOGIN/USERNAME

PASSWORD

NOTES

NAME

WEBSITE

LOGIN/USERNAME

PASSWORD

NOTES

NAME

WEBSITE

LOGIN/USERNAME

PASSWORD

NOTES

NAME_____

WEBSITE_____

LOGIN/USERNAME_____

PASSWORD_____

NOTES_____

_____

_____

NAME_____

WEBSITE_____

LOGIN/USERNAME_____

PASSWORD_____

NOTES_____

_____

_____

NAME_____

WEBSITE_____

LOGIN/USERNAME_____

PASSWORD_____

NOTES_____

_____

_____

NAME_____

WEBSITE_____

LOGIN/USERNAME_____

PASSWORD_____

NOTES_____

_____

_____

P

NAME

WEBSITE

LOGIN/USERNAME

PASSWORD

NOTES

NAME

WEBSITE

LOGIN/USERNAME

PASSWORD

NOTES

NAME

WEBSITE

LOGIN/USERNAME

PASSWORD

NOTES

NAME

WEBSITE

LOGIN/USERNAME

PASSWORD

NOTES

NAME

WEBSITE

LOGIN/USERNAME

PASSWORD

NOTES

NAME

WEBSITE

LOGIN/USERNAME

PASSWORD

NOTES

NAME

WEBSITE

LOGIN/USERNAME

PASSWORD

NOTES

NAME

WEBSITE

LOGIN/USERNAME

PASSWORD

NOTES

NAME
WEBSITE
LOGIN/USERNAME
PASSWORD
NOTES

NAME
WEBSITE
LOGIN/USERNAME
PASSWORD
NOTES

NAME
WEBSITE
LOGIN/USERNAME
PASSWORD
NOTES

NAME
WEBSITE
LOGIN/USERNAME
PASSWORD
NOTES

NAME_____

WEBSITE_____

LOGIN/USERNAME_____

PASSWORD_____

NOTES_____

_____

_____

NAME_____

WEBSITE_____

LOGIN/USERNAME_____

PASSWORD_____

NOTES_____

_____

_____

NAME_____

WEBSITE_____

LOGIN/USERNAME_____

PASSWORD_____

NOTES_____

_____

_____

NAME_____

WEBSITE_____

LOGIN/USERNAME_____

PASSWORD_____

NOTES_____

_____

_____

NAME_____

WEBSITE_____

LOGIN/USERNAME_____

PASSWORD_____

NOTES_____

_____

_____

NAME_____

WEBSITE_____

LOGIN/USERNAME_____

PASSWORD_____

NOTES_____

_____

_____

NAME_____

WEBSITE_____

LOGIN/USERNAME_____

PASSWORD_____

NOTES_____

_____

_____

NAME_____

WEBSITE_____

LOGIN/USERNAME_____

PASSWORD_____

NOTES_____

_____

_____

NAME

WEBSITE

LOGIN/USERNAME

PASSWORD

NOTES

NAME

WEBSITE

LOGIN/USERNAME

PASSWORD

NOTES

NAME

WEBSITE

LOGIN/USERNAME

PASSWORD

NOTES

NAME

WEBSITE

LOGIN/USERNAME

PASSWORD

NOTES

NAME_____

WEBSITE_____

LOGIN/USERNAME_____

PASSWORD_____

NOTES_____

_____

_____

NAME_____

WEBSITE_____

LOGIN/USERNAME_____

PASSWORD_____

NOTES_____

_____

_____

NAME_____

WEBSITE_____

LOGIN/USERNAME_____

PASSWORD_____

NOTES_____

_____

_____

NAME_____

WEBSITE_____

LOGIN/USERNAME_____

PASSWORD_____

NOTES_____

_____

_____

NAME_____

WEBSITE_____

LOGIN/USERNAME_____

PASSWORD_____

NOTES_____

_____

_____

NAME_____

WEBSITE_____

LOGIN/USERNAME_____

PASSWORD_____

NOTES_____

_____

_____

NAME_____

WEBSITE_____

LOGIN/USERNAME_____

PASSWORD_____

NOTES_____

_____

_____

NAME_____

WEBSITE_____

LOGIN/USERNAME_____

PASSWORD_____

NOTES_____

_____

_____

R

NAME _____

WEBSITE _____

LOGIN/USERNAME _____

PASSWORD _____

NOTES _____

_____

_____

NAME _____

WEBSITE _____

LOGIN/USERNAME _____

PASSWORD _____

NOTES _____

_____

_____

NAME _____

WEBSITE _____

LOGIN/USERNAME _____

PASSWORD _____

NOTES _____

_____

_____

NAME _____

WEBSITE _____

LOGIN/USERNAME _____

PASSWORD _____

NOTES _____

_____

_____

NAME_____
WEBSITE_____
LOGIN/USERNAME_____
PASSWORD_____
NOTES_____
_____
_____

NAME_____
WEBSITE_____
LOGIN/USERNAME_____
PASSWORD_____
NOTES_____
_____
_____

NAME_____
WEBSITE_____
LOGIN/USERNAME_____
PASSWORD_____
NOTES_____
_____
_____

NAME_____
WEBSITE_____
LOGIN/USERNAME_____
PASSWORD_____
NOTES_____
_____
_____

R

NAME _____

WEBSITE _____

LOGIN/USERNAME _____

PASSWORD _____

NOTES _____

_____

_____

NAME _____

WEBSITE _____

LOGIN/USERNAME _____

PASSWORD _____

NOTES _____

_____

_____

NAME _____

WEBSITE _____

LOGIN/USERNAME _____

PASSWORD _____

NOTES _____

_____

_____

NAME _____

WEBSITE _____

LOGIN/USERNAME _____

PASSWORD _____

NOTES _____

_____

_____

R

NAME_____

WEBSITE_____

LOGIN/USERNAME_____

PASSWORD_____

NOTES_____

_____

_____

NAME_____

WEBSITE_____

LOGIN/USERNAME_____

PASSWORD_____

NOTES_____

_____

_____

NAME_____

WEBSITE_____

LOGIN/USERNAME_____

PASSWORD_____

NOTES_____

_____

_____

NAME_____

WEBSITE_____

LOGIN/USERNAME_____

PASSWORD_____

NOTES_____

_____

_____

S

NAME_____

WEBSITE_____

LOGIN/USERNAME_____

PASSWORD_____

NOTES_____

_____

_____

NAME_____

WEBSITE_____

LOGIN/USERNAME_____

PASSWORD_____

NOTES_____

_____

_____

NAME_____

WEBSITE_____

LOGIN/USERNAME_____

PASSWORD_____

NOTES_____

_____

_____

NAME_____

WEBSITE_____

LOGIN/USERNAME_____

PASSWORD_____

NOTES_____

_____

_____

S

NAME _____

WEBSITE _____

LOGIN/USERNAME _____

PASSWORD _____

NOTES _____

_____

_____

NAME _____

WEBSITE _____

LOGIN/USERNAME _____

PASSWORD _____

NOTES _____

_____

_____

NAME _____

WEBSITE _____

LOGIN/USERNAME _____

PASSWORD _____

NOTES _____

_____

_____

NAME _____

WEBSITE _____

LOGIN/USERNAME _____

PASSWORD _____

NOTES _____

_____

_____

S

NAME_____

WEBSITE_____

LOGIN/USERNAME_____

PASSWORD_____

NOTES_____

_____

_____

NAME_____

WEBSITE_____

LOGIN/USERNAME_____

PASSWORD_____

NOTES_____

_____

_____

NAME_____

WEBSITE_____

LOGIN/USERNAME_____

PASSWORD_____

NOTES_____

_____

_____

NAME_____

WEBSITE_____

LOGIN/USERNAME_____

PASSWORD_____

NOTES_____

_____

_____

S

NAME_____

WEBSITE_____

LOGIN/USERNAME_____

PASSWORD_____

NOTES_____

_____

_____

NAME_____

WEBSITE_____

LOGIN/USERNAME_____

PASSWORD_____

NOTES_____

_____

_____

NAME_____

WEBSITE_____

LOGIN/USERNAME_____

PASSWORD_____

NOTES_____

_____

_____

NAME_____

WEBSITE_____

LOGIN/USERNAME_____

PASSWORD_____

NOTES_____

_____

_____

T

NAME _____

WEBSITE _____

LOGIN/USERNAME _____

PASSWORD _____

NOTES _____

_____

_____

NAME _____

WEBSITE _____

LOGIN/USERNAME _____

PASSWORD _____

NOTES _____

_____

_____

NAME _____

WEBSITE _____

LOGIN/USERNAME _____

PASSWORD _____

NOTES _____

_____

_____

NAME _____

WEBSITE _____

LOGIN/USERNAME _____

PASSWORD _____

NOTES _____

_____

_____

T

NAME

WEBSITE

LOGIN/USERNAME

PASSWORD

NOTES

NAME

WEBSITE

LOGIN/USERNAME

PASSWORD

NOTES

NAME

WEBSITE

LOGIN/USERNAME

PASSWORD

NOTES

NAME

WEBSITE

LOGIN/USERNAME

PASSWORD

NOTES

T

NAME _____

WEBSITE _____

LOGIN/USERNAME _____

PASSWORD _____

NOTES _____

_____

_____

NAME _____

WEBSITE _____

LOGIN/USERNAME _____

PASSWORD _____

NOTES _____

_____

_____

NAME _____

WEBSITE _____

LOGIN/USERNAME _____

PASSWORD _____

NOTES _____

_____

_____

NAME _____

WEBSITE _____

LOGIN/USERNAME _____

PASSWORD _____

NOTES _____

_____

_____

T

NAME _____

WEBSITE _____

LOGIN/USERNAME _____

PASSWORD _____

NOTES _____

_____

_____

NAME _____

WEBSITE _____

LOGIN/USERNAME _____

PASSWORD _____

NOTES _____

_____

_____

NAME _____

WEBSITE _____

LOGIN/USERNAME _____

PASSWORD _____

NOTES _____

_____

_____

NAME _____

WEBSITE _____

LOGIN/USERNAME _____

PASSWORD _____

NOTES _____

_____

_____

NAME

WEBSITE

LOGIN/USERNAME

PASSWORD

NOTES

NAME

WEBSITE

LOGIN/USERNAME

PASSWORD

NOTES

NAME

WEBSITE

LOGIN/USERNAME

PASSWORD

NOTES

NAME

WEBSITE

LOGIN/USERNAME

PASSWORD

NOTES

NAME

WEBSITE

LOGIN/USERNAME

PASSWORD

NOTES

NAME

WEBSITE

LOGIN/USERNAME

PASSWORD

NOTES

NAME

WEBSITE

LOGIN/USERNAME

PASSWORD

NOTES

NAME

WEBSITE

LOGIN/USERNAME

PASSWORD

NOTES

NAME_____

WEBSITE_____

LOGIN/USERNAME_____

PASSWORD_____

NOTES_____

_____

_____

NAME_____

WEBSITE_____

LOGIN/USERNAME_____

PASSWORD_____

NOTES_____

_____

_____

NAME_____

WEBSITE_____

LOGIN/USERNAME_____

PASSWORD_____

NOTES_____

_____

_____

NAME_____

WEBSITE_____

LOGIN/USERNAME_____

PASSWORD_____

NOTES_____

_____

_____

NAME

WEBSITE

LOGIN/USERNAME

PASSWORD

NOTES

NAME

WEBSITE

LOGIN/USERNAME

PASSWORD

NOTES

NAME

WEBSITE

LOGIN/USERNAME

PASSWORD

NOTES

NAME

WEBSITE

LOGIN/USERNAME

PASSWORD

NOTES

NAME_____

WEBSITE_____

LOGIN/USERNAME_____

PASSWORD_____

NOTES_____

_____

_____

NAME_____

WEBSITE_____

LOGIN/USERNAME_____

PASSWORD_____

NOTES_____

_____

_____

NAME_____

WEBSITE_____

LOGIN/USERNAME_____

PASSWORD_____

NOTES_____

_____

_____

NAME_____

WEBSITE_____

LOGIN/USERNAME_____

PASSWORD_____

NOTES_____

_____

_____

NAME

WEBSITE

LOGIN/USERNAME

PASSWORD

NOTES

NAME

WEBSITE

LOGIN/USERNAME

PASSWORD

NOTES

NAME

WEBSITE

LOGIN/USERNAME

PASSWORD

NOTES

NAME

WEBSITE

LOGIN/USERNAME

PASSWORD

NOTES

NAME_____

WEBSITE_____

LOGIN/USERNAME_____

PASSWORD_____

NOTES_____

_____

_____

NAME_____

WEBSITE_____

LOGIN/USERNAME_____

PASSWORD_____

NOTES_____

_____

_____

NAME_____

WEBSITE_____

LOGIN/USERNAME_____

PASSWORD_____

NOTES_____

_____

_____

NAME_____

WEBSITE_____

LOGIN/USERNAME_____

PASSWORD_____

NOTES_____

_____

_____

NAME

WEBSITE

LOGIN/USERNAME

PASSWORD

NOTES

NAME

WEBSITE

LOGIN/USERNAME

PASSWORD

NOTES

NAME

WEBSITE

LOGIN/USERNAME

PASSWORD

NOTES

NAME

WEBSITE

LOGIN/USERNAME

PASSWORD

NOTES

W

NAME _____

WEBSITE _____

LOGIN/USERNAME _____

PASSWORD _____

NOTES _____

_____

_____

NAME _____

WEBSITE _____

LOGIN/USERNAME _____

PASSWORD _____

NOTES _____

_____

_____

NAME _____

WEBSITE _____

LOGIN/USERNAME _____

PASSWORD _____

NOTES _____

_____

_____

NAME _____

WEBSITE _____

LOGIN/USERNAME _____

PASSWORD _____

NOTES _____

_____

_____

NAME_____

WEBSITE_____

LOGIN/USERNAME_____

PASSWORD_____

NOTES_____

_____

_____

NAME_____

WEBSITE_____

LOGIN/USERNAME_____

PASSWORD_____

NOTES_____

_____

_____

NAME_____

WEBSITE_____

LOGIN/USERNAME_____

PASSWORD_____

NOTES_____

_____

_____

NAME_____

WEBSITE_____

LOGIN/USERNAME_____

PASSWORD_____

NOTES_____

_____

_____

NAME_____

WEBSITE_____

LOGIN/USERNAME_____

PASSWORD_____

NOTES_____

_____

_____

NAME_____

WEBSITE_____

LOGIN/USERNAME_____

PASSWORD_____

NOTES_____

_____

_____

NAME_____

WEBSITE_____

LOGIN/USERNAME_____

PASSWORD_____

NOTES_____

_____

_____

NAME_____

WEBSITE_____

LOGIN/USERNAME_____

PASSWORD_____

NOTES_____

_____

_____

NAME

WEBSITE

LOGIN/USERNAME

PASSWORD

NOTES

NAME

WEBSITE

LOGIN/USERNAME

PASSWORD

NOTES

NAME

WEBSITE

LOGIN/USERNAME

PASSWORD

NOTES

NAME

WEBSITE

LOGIN/USERNAME

PASSWORD

NOTES

X

NAME_____

WEBSITE_____

LOGIN/USERNAME_____

PASSWORD_____

NOTES_____

_____

_____

NAME_____

WEBSITE_____

LOGIN/USERNAME_____

PASSWORD_____

NOTES_____

_____

_____

NAME_____

WEBSITE_____

LOGIN/USERNAME_____

PASSWORD_____

NOTES_____

_____

_____

NAME_____

WEBSITE_____

LOGIN/USERNAME_____

PASSWORD_____

NOTES_____

_____

_____

X

NAME_____

WEBSITE_____

LOGIN/USERNAME_____

PASSWORD_____

NOTES_____

_____

_____

NAME_____

WEBSITE_____

LOGIN/USERNAME_____

PASSWORD_____

NOTES_____

_____

_____

NAME_____

WEBSITE_____

LOGIN/USERNAME_____

PASSWORD_____

NOTES_____

_____

_____

NAME_____

WEBSITE_____

LOGIN/USERNAME_____

PASSWORD_____

NOTES_____

_____

_____

X

NAME_____

WEBSITE_____

LOGIN/USERNAME_____

PASSWORD_____

NOTES_____

_____

_____

NAME_____

WEBSITE_____

LOGIN/USERNAME_____

PASSWORD_____

NOTES_____

_____

_____

NAME_____

WEBSITE_____

LOGIN/USERNAME_____

PASSWORD_____

NOTES_____

_____

_____

NAME_____

WEBSITE_____

LOGIN/USERNAME_____

PASSWORD_____

NOTES_____

_____

_____

NAME _____

WEBSITE _____

LOGIN/USERNAME _____

PASSWORD _____

NOTES _____

_____

_____

NAME _____

WEBSITE _____

LOGIN/USERNAME _____

PASSWORD _____

NOTES _____

_____

_____

NAME _____

WEBSITE _____

LOGIN/USERNAME _____

PASSWORD _____

NOTES _____

_____

_____

NAME _____

WEBSITE _____

LOGIN/USERNAME _____

PASSWORD _____

NOTES _____

_____

_____

NAME

WEBSITE

LOGIN/USERNAME

PASSWORD

NOTES

NAME

WEBSITE

LOGIN/USERNAME

PASSWORD

NOTES

NAME

WEBSITE

LOGIN/USERNAME

PASSWORD

NOTES

NAME

WEBSITE

LOGIN/USERNAME

PASSWORD

NOTES

NAME

WEBSITE

LOGIN/USERNAME

PASSWORD

NOTES

NAME

WEBSITE

LOGIN/USERNAME

PASSWORD

NOTES

NAME

WEBSITE

LOGIN/USERNAME

PASSWORD

NOTES

NAME

WEBSITE

LOGIN/USERNAME

PASSWORD

NOTES

NAME_____
WEBSITE_____
LOGIN/USERNAME_____
PASSWORD_____
NOTES_____
_____
_____

NAME_____
WEBSITE_____
LOGIN/USERNAME_____
PASSWORD_____
NOTES_____
_____
_____

NAME_____
WEBSITE_____
LOGIN/USERNAME_____
PASSWORD_____
NOTES_____
_____
_____

NAME_____
WEBSITE_____
LOGIN/USERNAME_____
PASSWORD_____
NOTES_____
_____
_____

NAME_____

WEBSITE_____

LOGIN/USERNAME_____

PASSWORD_____

NOTES_____

_____

_____

NAME_____

WEBSITE_____

LOGIN/USERNAME_____

PASSWORD_____

NOTES_____

_____

_____

NAME_____

WEBSITE_____

LOGIN/USERNAME_____

PASSWORD_____

NOTES_____

_____

_____

NAME_____

WEBSITE_____

LOGIN/USERNAME_____

PASSWORD_____

NOTES_____

_____

_____

Z

NAME _____

WEBSITE _____

LOGIN/USERNAME _____

PASSWORD _____

NOTES _____

_____

_____

NAME _____

WEBSITE _____

LOGIN/USERNAME _____

PASSWORD _____

NOTES _____

_____

_____

NAME _____

WEBSITE _____

LOGIN/USERNAME _____

PASSWORD _____

NOTES _____

_____

_____

NAME _____

WEBSITE _____

LOGIN/USERNAME _____

PASSWORD _____

NOTES _____

_____

_____

Z

NAME

WEBSITE

LOGIN/USERNAME

PASSWORD

NOTES

NAME

WEBSITE

LOGIN/USERNAME

PASSWORD

NOTES

NAME

WEBSITE

LOGIN/USERNAME

PASSWORD

NOTES

NAME

WEBSITE

LOGIN/USERNAME

PASSWORD

NOTES

Z

NAME_____

WEBSITE_____

LOGIN/USERNAME_____

PASSWORD_____

NOTES_____

_____

_____

NAME_____

WEBSITE_____

LOGIN/USERNAME_____

PASSWORD_____

NOTES_____

_____

_____

NAME_____

WEBSITE_____

LOGIN/USERNAME_____

PASSWORD_____

NOTES_____

_____

_____

NAME_____

WEBSITE_____

LOGIN/USERNAME_____

PASSWORD_____

NOTES_____

_____

_____

Z

NAME

WEBSITE

LOGIN/USERNAME

PASSWORD

NOTES

NAME

WEBSITE

LOGIN/USERNAME

PASSWORD

NOTES

NAME

WEBSITE

LOGIN/USERNAME

PASSWORD

NOTES

NAME

WEBSITE

LOGIN/USERNAME

PASSWORD

NOTES

NOTES

NOTES

NOTES

Made in the USA
Coppell, TX
03 October 2020